Prvi slikovni rječnik
Životinje
First Picture Dictionary
Animals

Svinja
Pig

Leptir
Butterfly

Lisica
Fox

Zec
Rabbit

Ilustrirala Anna Ivanir

www.kidkiddos.com
Copyright ©2025 by KidKiddos Books Ltd.
support@kidkiddos.com

All rights reserved. No part of this book may be reproduced in any form or by any electronic or mechanical means, including information storage and retrieval systems, without written permission from the publisher, except in the case of a reviewer, who may quote brief passages embodied in critical articles or in a review.
First edition, 2025

Library and Archives Canada Cataloguing in Publication
First Picture Dictionary – Animals (Croatian English Bilingual edition)
ISBN: 978-1-83416-498-4 paperback
ISBN: 978-1-83416-499-1 hardcover
ISBN: 978-1-83416-497-7 eBook

Divlje životinje
Wild Animals

Lav
Lion

Tigar
Tiger

Žirafa
Giraffe

✦ Žirafa je najviša životinja na kopnu.

✦ A giraffe is the tallest animal on land.

Slon
Elephant

Majmun
Monkey

Divlje životinje
Wild Animals

Nilski konj
Hippopotamus

Panda
Panda

Lisica
Fox

Nosorog
Rhino

Jelen
Deer

Los
Moose

Vuk
Wolf

✦ *Los je odličan plivač i može zaroniti pod vodu da jede biljke!*

✦ A moose is a great swimmer and can dive underwater to eat plants!

Vjeverica
Squirrel

Koala
Koala

✦ *Vjeverica skriva orahe za zimu, ali ponekad zaboravi gdje ih je stavila!*

✦ A squirrel hides nuts for winter, but sometimes forgets where it put them!

Gorila
Gorilla

Kućni ljubimci
Pets

Kanarinac
Canary

Morsko prase
Guinea Pig

✦ Žaba može disati preko kože isto kao i plućima!

✦ A frog can breathe through its skin as well as its lungs!

Žaba
Frog

Hrčak
Hamster

Zlatna ribica
Goldfish

Pas
Dog

✦ *Neke papige mogu oponašati riječi i čak se smijati poput ljudi!*

✦ Some parrots can copy words and even laugh like a human!

Mačka
Cat

Papiga
Parrot

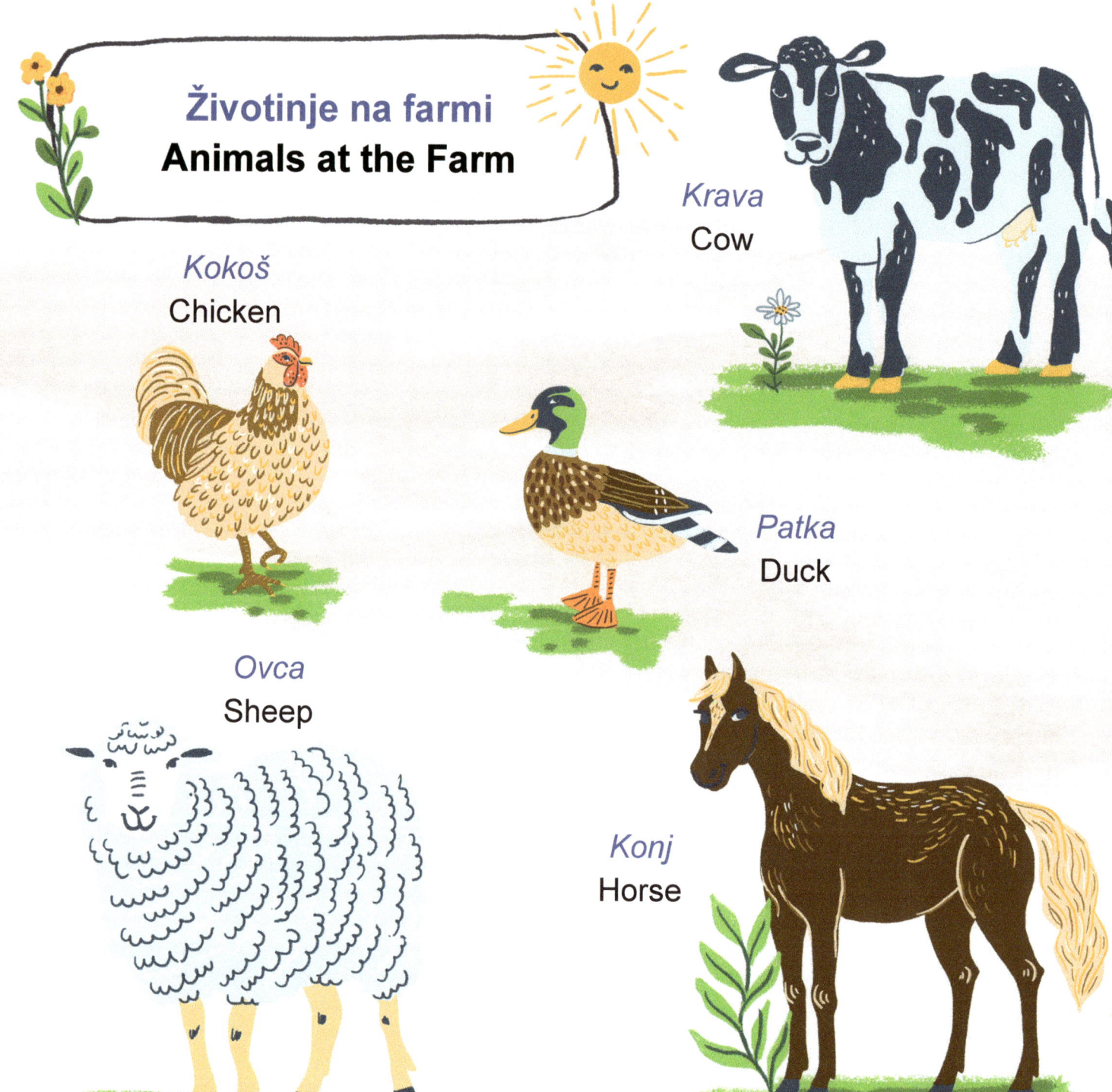

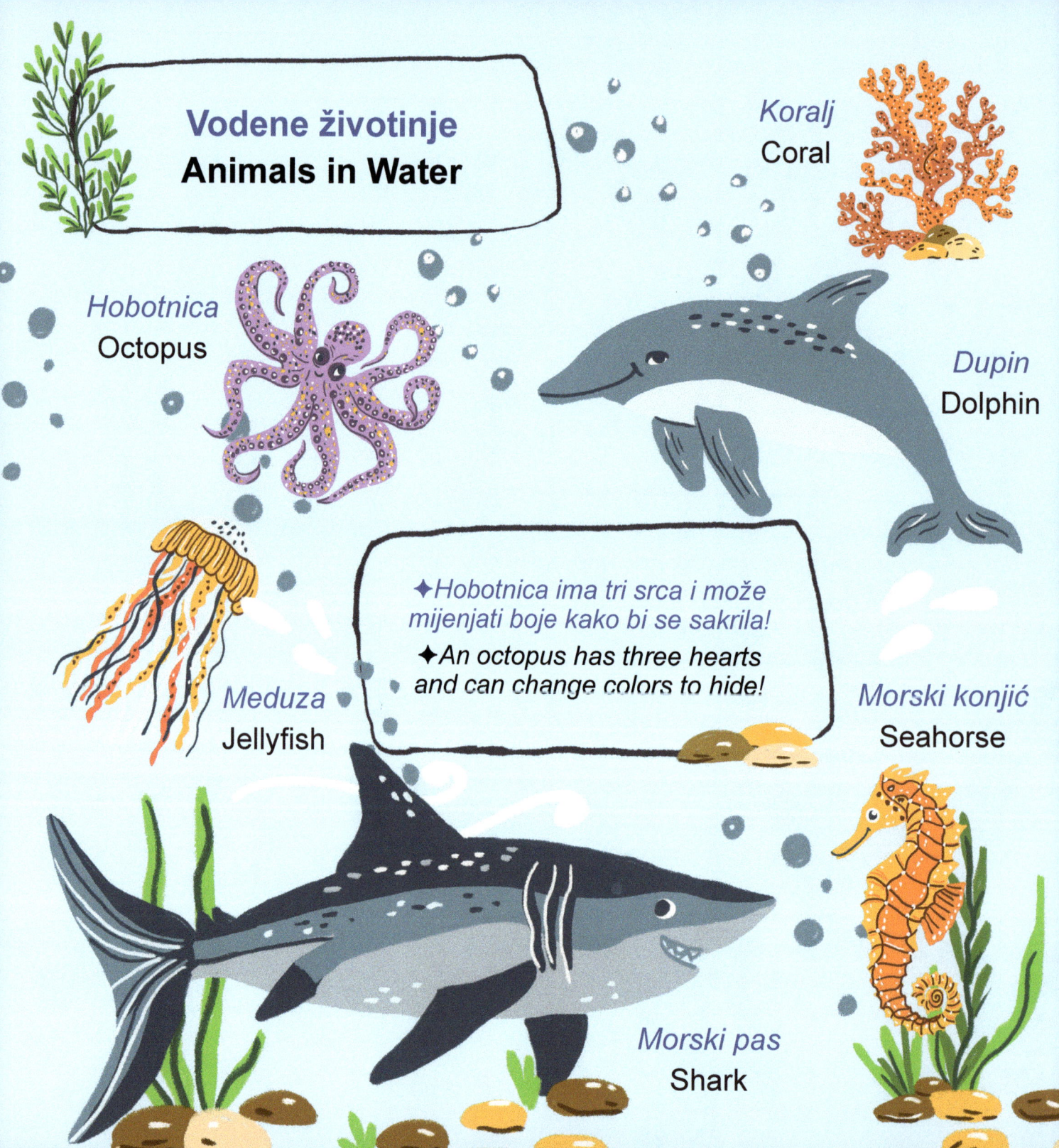

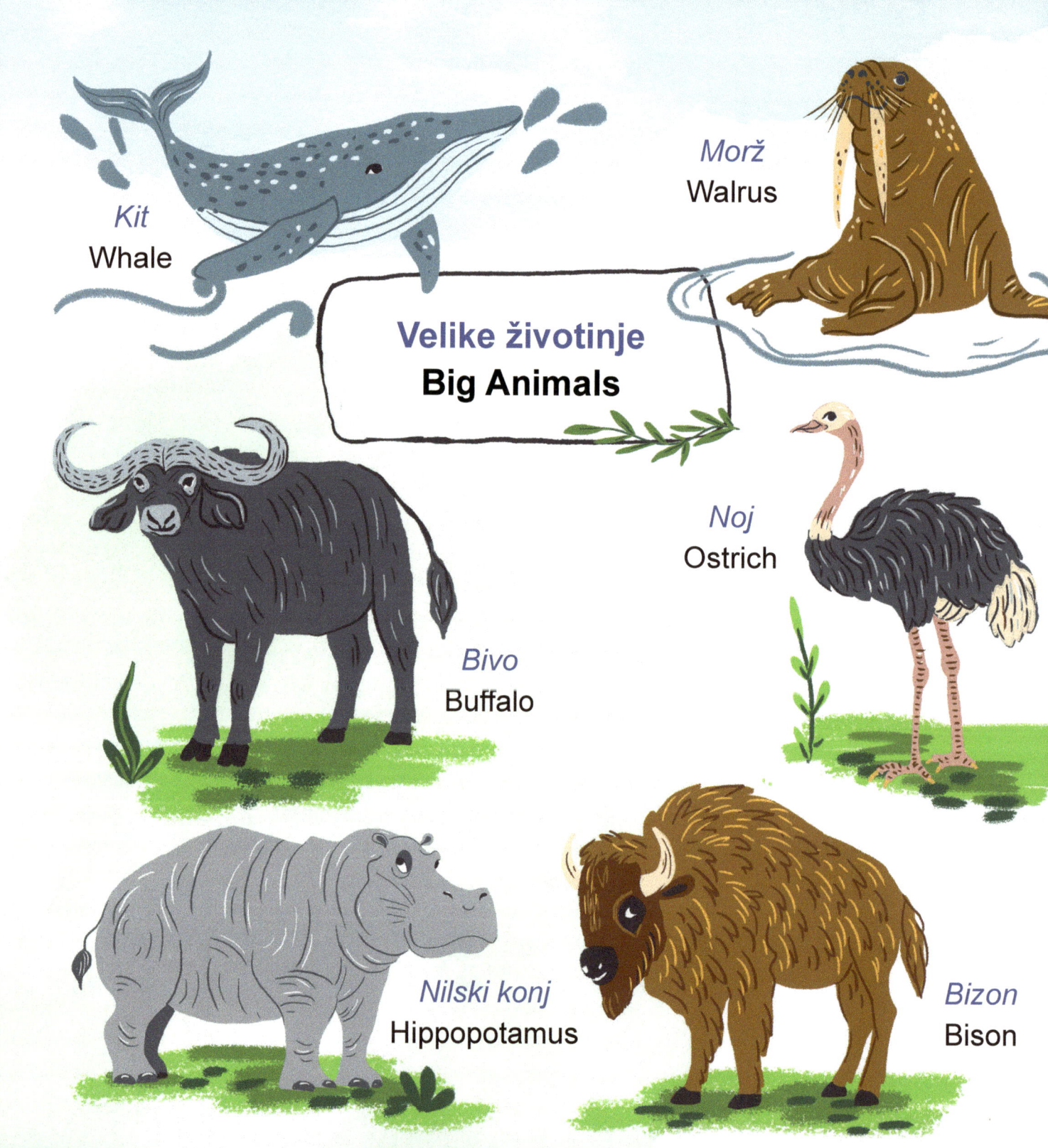

Male životinje
Small Animals

Kameleon
Chameleon

Pauk
Spider

✦ *Noj je najveća ptica, ali ne može letjeti!*
✦ An ostrich is the biggest bird, but it cannot fly!

Pčela
Bee

✦ *Puž nosi svoju kućicu na leđima i kreće se vrlo sporo.*
✦ A snail carries its home on its back and moves very slowly.

Puž
Snail

Miš
Mouse

Tihe životinje
Quiet Animals

Bubamara
Ladybug

Kornjača
Turtle

✦ *Kornjača može živjeti i na kopnu i u vodi.*
✦ A turtle can live both on land and in water.

Riba
Fish

Gušter
Lizard

Noćne životinje
Nighttime Animals

Krijesnica
Firefly

Jazavac
Badger

Kiwi ptica
Kiwi Bird

Leopard
Leopard

Jež
Hedgehog

Sova
Owl

Šišmiš
Bat

✦ *Sova lovi noću i koristi sluh da pronađe hranu!*
✦ An owl hunts at night and uses its hearing to find food!

✦ *Krijesnica svijetli noću kako bi pronašla druge krijesnice.*
✦ A firefly glows at night to find other fireflies.

Rakun
Raccoon

Tarantula
Tarantula

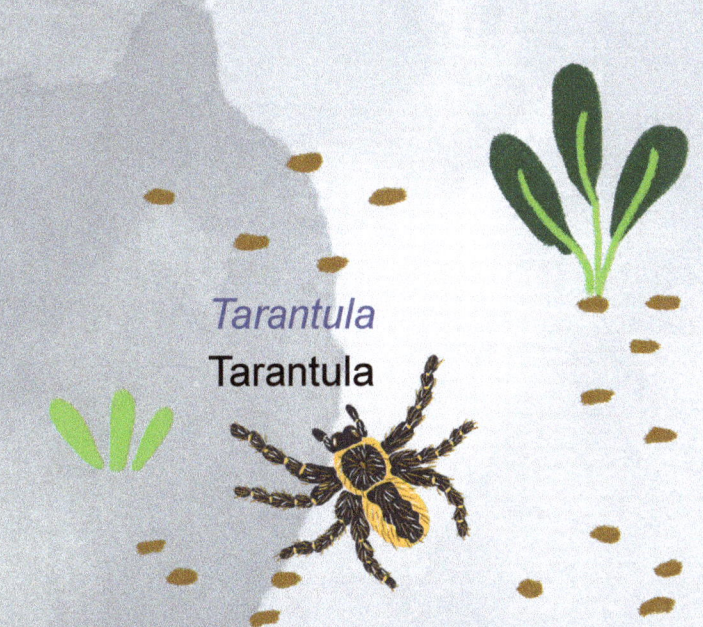

Šarene životinje
Colorful Animals

Flamingo je ružičast
A flamingo is pink

Sova je smeđa
An owl is brown

Labud je bijel
A swan is white

Hobotnica je ljubičasta
An octopus is purple

Žaba je zelena
A frog is green

✦ *Žaba je zelena, pa se može sakriti među lišćem.*
✦ A frog is green, so it can hide among the leaves.

Životinje i njihovi mladunci
Animals and Their Babies

Krava i tele
Cow and Calf

Mačka i mačić
Cat and Kitten

✦ *Pilić priča sa svojom majkom čak i prije nego što se izlegne.*
✦ *A chick talks to its mother even before it hatches.*

Kokoš i pilić
Chicken and Chick

Pas i štene
Dog and Puppy

Leptir i gusjenica
Butterfly and Caterpillar

Ovca i janje
Sheep and Lamb

Konj i ždrijebe
Horse and Foal

Svinja i prase
Pig and Piglet

Koza i jare
Goat and Kid

www.ingramcontent.com/pod-product-compliance
Lightning Source LLC
LaVergne TN
LVHW072002060526
838200LV00010B/255